Christian Baltes

Grundlinien der Konsenstheorie bei Nikolaus von Kues

GRIN Verlag

Bibliografische Information der Deutschen Nationalbibliothek:

Die Deutsche Bibliothek verzeichnet diese Publikation in der Deutschen National-
bibliografie; detaillierte bibliografische Daten sind im Internet über http://dnb.d-
nb.de/ abrufbar.

Impressum:

Copyright © 2009 GRIN Verlag GmbH
Druck und Bindung: Books on Demand GmbH, Norderstedt Germany
ISBN: 978-3-640-30677-0

Dieses Buch bei GRIN:

http://www.grin.com/de/e-book/125221/grundlinien-der-konsenstheorie-bei-niko-
laus-von-kues

GRIN - Your knowledge has value

Der GRIN Verlag publiziert seit 1998 wissenschaftliche Arbeiten von Studenten, Hochschullehrern und anderen Akademikern als eBook und gedrucktes Buch. Die Verlagswebsite www.grin.com ist die ideale Plattform zur Veröffentlichung von Hausarbeiten, Abschlussarbeiten, wissenschaftlichen Aufsätzen, Dissertationen und Fachbüchern.

Besuchen Sie uns im Internet:

http://www.grin.com/

http://www.facebook.com/grincom

http://www.twitter.com/grin_com

THEOLOGISCHE FAKULTÄT TRIER

Lehrstuhl für Philosophie I

Seminar im Sommersemester 2008

„Ethik und Politik bei Nikolaus von Kues"

„Grundlinien der Konsenstheorie bei Nikolaus von Kues"

Vorgelegt von:

Christian Baltes

4. Semester Theologie

Trier, den 29. Oktober 2008

Inhaltsverzeichnis

1 Einleitung

„Man übertreibt kaum, wenn man urteilt: Nikolaus von Kues war wohl der bedeutendste Denker des 15. Jahrhunderts."[1] So summiert Kurt Flasch, einer der Cusanus-Biographen das Leben des Universalgelehrten.

Nikolaus von Kues verdient nicht nur aufgrund seiner metaphysischen Überlegungen Beachtung, sondern auch wegen seiner Studien zur Politik. Als Kardinal und damit als Kirchenmann war er eng eingebunden in die kirchenpolitischen Veränderungen und Herausforderungen seiner Zeit und hat diese aktiv mitgestaltet.

Die vorliegende Arbeit will einen groben Einblick in seine Theorie von Konsens und Repräsentation bieten und sich dabei vor allem auf die Gedanken beschränken, die Cusanus während des Basler Konzils entwickelt hat. Weitere Reformbestrebungen, wie sie Watanabe in seinem Werk „Concord and Reform" schildert[2] können aufgrund des Umfangs leider nicht berücksichtigt werden.

Über die Rezeption der cusanischen Gedanken zu Konsens und Repräsentation schreibt Flasch: „Vor allem seine Lehre von der Kirche und ihrer Autorität wurde studiert; das Thema des Konziliarismus tauchte wieder auf; in der Frage der religiösen Toleranz schien Cusanus als Vordenker tauglich."[3] Gerade die enge Verknüpfung seines Lebens und Wirkens mit der Entwicklung seiner Philosophie lassen Cusanus als einen sehr interessanten und interessierten Menschen hervortreten: Am Beispiel der Konziliarismusfrage kann man so auch eine vielschichtige Veränderung und Entwicklung seiner Position im Laufe der Zeit erkennen.

Primäre Quelle der vorliegenden Arbeit stellt das Werk *de concordantia catholica* dar, auf das sich Jedin mit größtem Lob folgendermaßen bezieht: „An der Wende vom Mittelalter zur Neuzeit steht in Nikolaus von Kues ein Geist, der in einem unbändigen und hartnäckigen Willen zum Ganzen die widerstreitenden Kräfte seiner Zeit zu einer "katholischen Konkordanz" zusammenzwingt und gleichzeitig die schöpferischen Ansätze bietet, die den Brückenschlag in eine neue Zeit möglich gemacht hätten."[4]

---

[1] Siehe FLASCH, Kurt: Nicolaus Cusanus, 12.
[2] WATANABE, Morimichi: Concord and Reform.
[3] Siehe FLASCH, Kurt: Nicolaus Cusanus, 162.
[4] Siehe JEDIN, Hubert (Hrsg.): Kirchengeschichte, 699f.

Die *concordantia catholica* wurde im Laufe der Zeit vielfach kommentiert. Die für mich und diese Arbeit wertvollsten Kommentare stellen dabei Posch[5], Sigmund[6], Watanabe[7] und Lücking-Michel[8] dar.

Nachdem ich auf Grundlagen wie die Vita des Cusaners und den zeitgeschichtlichen Hintergrund eingegangen bin, möchte ich dem Leser eine Einführung in die *concordantia catholica* geben, um dann zu den Grundlinien der cusanischen Konsenstheorie überzugehen. Überaus beachtenswert erscheint mir hier das methodische Vorgehen des Cusaners: Ausgehend von den naturrechtlichen Grundsätzen von Herrschaft und damit von der Frage wie sich Herrschaft konstituiert und legitimiert, wendet er seine Erkenntnisse dann auf die Kirche und ihre (Ämter)Struktur an, um dann in einem dritten Schritt auf die Konkordanz, die Einheit zu kommen. Diese Konkordanz ist nicht nur ein philosophisch-theologisches Konstrukt, sondern scheint mir teilweise auch wieder auf den philosophischen Hintergrund des Cusanus, den Neoplatonismus, rückführbar zu sein.

Leider muss ich auf die tiefergehende Analyse von Themen wie dem neoplatonistischen Hintergrund des Cusaners, das *decretum Gratiani*, die *explicatio Petri*, oder aber auch die Veränderung seiner philosophischen Position im Laufe der Zeit verzichten. Obgleich dieses Sachverhaltes hoffe ich trotzdem, mit diesen meinen Ausführungen einen angemessenen Einblick in die cusanische Konsenstheorie, ihrer Entwicklung aus dem Naturrecht und der Anwendung auf die Kirche zeichnen zu können.

---

[5] POSCH, Andreas: Concordantia catholica.
[6] SIGMUND, Paul: Nicholas of Cusa.
[7] Anm.: verschiedene Werke, siehe Literaturverzeichnis.
[8] LÜCKING-MICHEL, Claudia: Konkordanz und Konsens.

2 Vorbemerkungen

2.1 Zur Person des Nikolaus Cusanus[9]

Nikolaus von Kues, der Universalgelehrte des 15. Jahrhunderts trägt laut Röd „bereits Züge des modernen Denkens"[10] in sich. Der anbrechende Humanismus prägte sein Denken mit Sicherheit mit. Einer seiner Biographen, Kurt Flasch, hat richtigerweise darauf hingewiesen, welche Profession die Basis für das Denken des Cusaners gab: „Das Denken des Nikolaus von Kues ... war in ständiger Bewegung. ... Wie Leibniz war Cusanus Jurist, kein professioneller Philosoph oder Theologe. Aber wie bei Leibniz überstiegen seine Interessen alle Fachgrenzen."[11].

Nach seiner Geburt im Jahre 1401 in Kues an der Mosel wächst er in einer wohlhabenden Familie auf. Seine Studien in Heidelberg und Padua beschränken sich nicht nur auf die Jurisprudenz, sondern umfassen auch die Mathematik, Astronomie, Physik und Medizin. Spätestens mit seiner Zuwendung zur Philosophie und seinen Reformbestrebungen der Kirche kann man ihn als Universal-gelehrten bezeichnen. Flasch schreibt über den Werdegang des Cusaners: „Domkapitular in Trier oder Mainz hätte er nie werden können; um dort gar Erzbischof zu werden, fehlte ihm die wichtigste Voraussetzung: die adlige Geburt. Insofern handelte es sich schon um den seltenen Aufstieg eines Außenseiters. Cusanus war ein Bürgerlicher, der in einer ständischen Gesellschaft durch Studium, Diplomatie und Leistung den Weg nach oben suchte."[12].

Nach seinem großen Engagement für die Kirche nach dem Basler Konzil wurde er in den Rang eines Kardinals erhoben und stieg zum Bischof von Brixen auf.

Um unseren heutigen Vorstellungen eines Kardinals Einhalt zu gebieten, sei wiederrum auf Flasch verwiesen: „Das war keine dekorative Angelegenheit; es war auch kein rein religiöser Rang mit dem einmaligen Recht zur Papstwahl; ein Kardinal war als tatsächliches Mitglied der päpstlichen Regierung verwickelt in alle politischen und militärischen Unternehmungen einer wichtigen Mittel-macht ... er war Diplomat, Gerichtsherr und Heerführer..."[13]. Nachdem er Tirol

---

[9] Vgl. zu diesem Abschnitt: RÖD, Wolfgang: Weg der Philosophie, Art. Cusanus; FLASCH, Kurt: Nicolaus Cusanus; FLASCH, Kurt: Cusanus in seiner Zeit; FRANK, Isnard Wilhelm: Kirchengeschichte; JEDIN, Hubert (Hrsg.): Kirchengeschichte; MEUTHEN, Erich: Zwischen Konzil und Papst.

[10] Siehe RÖD, Wolfgang: Weg der Philosophie, 408.

[11] Siehe FLASCH, Kurt: Nicolaus Cusanus, 11.

[12] Siehe FLASCH, Kurt: Cusanus in seiner Zeit, 6.

[13] Siehe FLASCH, Kurt: Cusanus in seiner Zeit, 14.

wegen einiger gewaltsamer Auseinandersetzungen verlassen musste, floh er nach Italien, wo er 1464 auch starb.

In Cusanus sehen viele den „Bahnbrecher des deutschen Humanismus"[14]. In dieser geistesgeschichtlichen Strömung ging es „nicht nur darum, schreiben zu können wie Cicero. Man wollte auch bauen wie Vitruv, man wollte die Physik kennen wie Archimedes; man wollte die Ge-schichte ansehen, wie Thukydides sie zu analysieren gelehrt hatte."[15].

In den Handschriften der Antike suchte man dieses Wissen zu finden. Auch Cusanus wird im Laufe seines Lebens viele Schriften in seiner Bibliothek in Kues ansammeln. Durch sein Quellen-studium entlarvte er die konstantinische Schenkung als Fälschung, seine Sammelleidenschaft ließ ihn unter anderem 12 verlorengegangene Komödien des römischen Dichters Plautus wiederentdecken. Flasch beschreibt die Umfangenheit des Cusaners von mancher humanistischen Strömung, indem er den Wechsel des Rechtswissenschaftsstudiums von Heidelberg nach Padua folgendermaßen kommentiert: „Cusanus trat in eine neue Welt. Hier herrschte nicht mehr der Pariser Stil. Hier fühlte er Luft von anderen Planeten. ... Vor allem: In Padua bekam er den Eindruck, die Wissenschaft sei nicht schon fertig. Alles neu zu machen, das war die Grundstimmung. ... Und dazu brauchte man die Antike."[16].

Diese kurze Einführung zur Person des Cusanus soll genügen. Wichtig scheint mir, dass Cusanus als Kind seiner Zeit von so mancher humanistischer Strömung umfangen war, die sein Denken entscheidend mitgeprägt hat.

2.2 Zum zeitgeschichtlichen Hintergrund[17]

2.2.1 Der Weg zum Konzil von Basel und der Aufschwung des Konziliarismus[18]

Ausgangspunkt für den spätmittelalterlichen Konziliarismus ist das „Große abendländische Schisma", dass durch die doppelte Papstwahl im Jahre 1378 hervorgerufen wurde. Nachdem man Urban VI. gewählt hatte, bezweifelte man wenige Monate später die Rechtmäßigkeit der Wahl und wählte einen neuen Papst, Clemens VII., der wieder nach Avignon zog. Diese beiden Päpste sind für spätere Kommentatoren die beiden Pole, an denen sich die

---

[14] Siehe JEDIN, Hubert (Hrsg.): Kirchengeschichte, 700.
[15] Siehe FLASCH, Kurt: Cusanus in seiner Zeit, 12.
[16] Siehe ebd., 11f.
[17] Vgl. zu diesem Abschnitt: FLASCH, Kurt: Cusanus in seiner Zeit; KRÄMER, Werner: Konsens und Rezeption; HAUBST, Rudolf: Leitgedanke der repraesentatio; HALLAUER, Hermann: Hussiten; JEDIN, Hubert (Hrsg.): Kirchengeschichte.
[18] Vgl. zum Basler Konzil: FLASCH, Kurt: Cusanus in seiner Zeit, 23–31.

kirchliche Meinung spaltet. Urban VI., der die Kurie wieder stärker nach Italien ausrichtete und damit die französischen Kardinäle benachteiligte, und Clemens VII. als Franzose, der für den französischen Episkopat kämpft. Frank schreibt dazu: „In der Absetzungsbewegung von Urban und der Wahl Clemens' wirkte sich auch ein kardinalizischer Präkonziliarismus aus, bei dem die Kardinäle als pars corporis papae auf ein Mitregiment pochten. Urban VI. mit seiner eigenartigen Persönlichkeitstruktur war dazu jedoch weder willens noch fähig. Am Ende beharrten beide Parteien auf ihrem Prinzip und riskierten den Bruch, der zum Schisma führte. ... Die abendländische Christenheit spaltete sich in eine avignonesische und eine römische Obedienz."[19]. Beide Richtungen legten sich die Verpflichtung auf, diese Spaltung möglichst schnell zu überwinden. Nachdem sich beide Päpste nicht einigen konnten, dachte man an ein Konzil zur Lösung der Frage. Dieses kam dann 1409 in Pisa zum ersten Mal zusammen. Das Konzil brachte zwar einen neuen Papst, der von der breiten Mehrheit akzeptiert wurde, hervor, kleine Teile der Kirche waren aber immer noch zerrissen. Eine wichtige Erfahrung blieb allerdings: „Pisa hatte jedoch gezeigt, daß das Konzil das beste Mittel war, das zur Überwindung des Schisma führen konnte."[20]. Nachdem Johannes XXIII. vom deutschen König Sigismund zu einem weiteren Konzil gedrängt wurde, suspendierte er im Jahre 1415 das Konzil und floh nach Konstanz. Als der Papst Schwäche gezeigt hatte, „verdichtete sich die vorhandene konziliare Stimmung zum konziliaren Selbstbewußtsein."[21]. Johannes XXIII. wurde abgesetzt, man wählte 1417 Martin V. und beendete damit das Schisma. Im gleichen Jahr noch verabschiedete das Konzil das Dekret „Frequens", mit der die Päpste zur Abhaltung von Konzilien in regelmäßigen Abständen verpflichtet wurden. Der Konziliarismus schien gesiegt zu haben. Martin kämpfte gegen den Machtanspruch der Synodalen, berief Konzilien ein und vertagte sie aber auch bald wieder. Frank schreibt: „Martin V. hielt sich also an den Buchstaben von "Frequens", und verhinderte gleichzeitig die Wirksamkeit der Synode. Er rechnete sozusagen mit der "synodalen Ermüdung" und setzte auf die Beständigkeit und größere Effizienz der römischen Kurie, die das Konzil als überflüssig erscheinen lassen sollte."[22]. Sein Nachfolger, Eugen IV. verfährt ebenso mit dem im Sommer 1431 in Basel zusammengetretenem Konzil. Als die Synodalen trotzdem zusammenblieben und ihn König Sigismund wieder drängte, erkannte Eugen 1433 doch das Konzil an. Ab 1432 wird auch Cusanus an diesem Konzil als Abgesandter seines Trierer

---

[19] Siehe FRANK, Isnard Wilhelm: Kirchengeschichte, 181.
[20] Siehe ebd., 182.
[21] Siehe ebd., 183.
[22] Siehe ebd., 184.

Landesherren teilnehmen. Hier verfasst er seine Schrift „Von der katholischen Einheit" (*de concordantia catholica*), gleichsam als Programmschrift seiner Konzilsarbeit.

Werner Krämer hat darauf hingewiesen, dass die Definition des Konziliarismus schwierig sei, erst seit dem umstrittenen ersten Vaticanum sei der Konziliarismus wieder Forschungsgegenstand[23]. Papalismus und Konziliarismus waren Antworten auf die Frage, *wem* Christus *wie* die Amtsgewalt übertragen habe. Hat er sie nur dem Petrus übertragen und dieser hat die Amtsgewalt delegiert, ist dies eine papalistische Position. Konziliaristen erweitern die Übertragung der Vollmacht auf die ganze Kirche, die Petrus als Repräsentant der Kirche entgegengenommen hat. Rudolf Haubst verdichtet diesen Konflikt in der Frage: „Wer "repräsentiert" die Kirche aufs höchste und beste: der Papst *oder* das Konzil?"[24].

2.2.2 Kontroverse mit den Hussiten

Neben der Kirchenreform und der Frage der Union mit den Griechen verhandelte das Konzil vor allem über die Hussitenfrage. Nachdem 1415 der tschechische Reformator Johannes Hus verbrannt wurde, kam es zu gewalttätigen Auseinandersetzungen mit seinen Anhängern. Inhaltlich ging es vor allem um die von den Hussiten praktizierte Kelchkommunion für Laien (*communio sub utraque specie*). Cusanus führte neben Johannes von Ragusa als Berater des Konzilsprotektors Wilhelm von Bayern die Verhandlungen. Im Jahre 1433, noch vor der Abfassung seiner *concordantia catholica* veröffentlicht Cusanus eine Schrift über die Kommunionpraxis (*de usu communionis*). Auffallend ist, dass Cusanus trotz zeitlicher Nähe zum Abschluss der *concordantia* in dieser Schrift stark den Primat des Papstes betont. Hermann Hallauer folgert daraus: „Das Werk läßt sich nur schwer einordnen, steht es doch mit seiner Grundtendenz in offensichtlichem Widerspruch zur konziliaren Strömung, zu der sich Nikolaus damals bekannte. Andererseits weisen die benutzten Quellen ... in die unmittelbare Nähe der Concordantia Catholica."[25]. Grundsätzlich sei nichts gegen die Praxis der Kelchkommunion einzuwenden, allerdings wird die Gnade der Sakramente erst in der Einheit wirksam. Ohne Konkordanz mit der Kirche, ohne Einheit mit dem Stuhle Petri, „bringe der Genuß des Kelches mehr Verderben als Gnade."[26]

---

[23] Siehe KRÄMER, Werner: Konsens und Rezeption, 1.
[24] Siehe HAUBST, Rudolf: Leitgedanke der repraesentatio, 141.
[25] Siehe HALLAUER, Hermann: Hussiten, 56.
[26] Siehe ebd., 55.

Obwohl Cusanus sich weiter in der Hussitenfrage engagiert hat, soll diese Einführung genügen. Wichtig ist, dass Cusanus hier bereits den Begriff der Konkordanz, der Einheit mit der Kirche, prägt. Dieser wird auch in der *concordantia catholica*, wie bereits der Name impliziert, wichtig werden.

3 de concordantia catholica - Einführung, Entstehung und Aufbau[27]

Noch bevor Cusanus im Jahre 1432 in Basel ankam, hatte er in Koblenz sein Werk begonnen. Er vollendete es gegen Ende 1433. Nach Andreas Posch sei die Schrift „ihrem Anlasse nach als Gelegenheitsschrift zu charakterisieren, obwohl sie inhaltlich weit über eine solche hinauswächst."[28]. Ganz dem humanistischen Ideal entsprechend versucht Cusanus, die Kirchenväter zitierend, die Bedeutung der Konzilien durch seine historische Methode aufzuweisen. Ihm gilt die Eintracht als Basis jedweder Gesellschaft, die durch den Konsens, also die Übereinstimmung konstituiert wird. Die Repräsentanten der Allgemeinheit müssen somit Eintracht und Einheit verkörpern. Diese Betrachtung gilt auch für das Basler Konzil.

Über den Wert der *concordantia catholica* schreibt Posch: „Allgemein stimmt man darin überein, daß Nikolaus von Cues in seiner Concordantia [Anm. d. Autors: Im Original gesperrt gedruckt] das abgerundetste, vollkommenste System einer Kirchen- und Staatslehre geschrieben, daß er alles, was vergangene Zeiten und Männer an Bausteinen geliefert, zu einem harmonischen Ganzen vereinte, aber auch die realen Anforderungen seiner Gegenwart und einer neu hereinbrechenden Zeitepoche damit verband."[29]. Aufgrund der Kenntnis antiker Philosophen wie Aristoteles betonte man im Mittelalter das Naturrecht, welches in staatlicher Hinsicht zur Begründung der Volkssouveränität diente, aber auch in gewisser Weise die konziliare Theorie stützte. Nach Posch war Cusanus bei weitem nicht der Erste, der sich mit der Volkssouveränität oder der konziliaren Theorie befasste: Der Gedanke einer „Beschränkung der päpstlichen Gewalt" war „dem Mittelalter niemals ganz fremd."[30]. Hier sei neben Marsilius und Wilhelm von Ockham auch besonders auf Wilhelm Durandus hingewiesen. Einer der Hauptquellen für

---

[27] Vgl. zu diesem Abschnitt: BIECHLER, James E.: Constitution of the Church, 89–91; POSCH, Andreas: Concordantia catholica, 22–26; CHRISTIANSON, Gerald: Concord and Conflict, 206–219.
[28] Siehe POSCH, Andreas: Concordantia catholica, 25.
[29] Siehe ebd., 36.
[30] Siehe ebd., 37.

Cusanus wird auch Gratians *Concordantia discordantium canonum* sein, welches als Basis des Kirchenrechts diente. Als Doktor der Rechte wird er auch dieses Werk intensiv studiert haben. Watanabe weist noch auf weitere Denker hin, die sich mit Konkordanz und Konsens im Kirchenkonzept befasst haben: Panormitanus und Aeneas Sylvius[31]. Was die *Concordantia* des Cusaners auszeichnet, sei laut Posch „die konsequente Durchführung des Gedankens von der Notwendigkeit des Konsenses der gesamten Christenheit zu kirchlichen Maßnahmen von allgemeiner Bedeutung [Anm. d. Autors: Im Original ist der gesamte Satz gesperrt gedruckt].“[32]. Diese These beweist Cusanus nicht nur „aus Schrift und Tradition, sondern auch aus Philosophie und Naturrecht.“[33]. Neben der *politeia* des Aristoteles zitiert er noch weitere für sein Denken wichtige Werke, Werke von Dionysius Areopagita, die er mit neuplatonischen Ansätzen in die *concordantia* einband, sowie Aegidius von Rom, Albertus Magnus oder auch Thomas von Aquin.

Anhand der neuplatonischen Anthropologie gliedert er sein dreibändiges Werk (Geist – Seele - Leib): Im ersten Band der *concordantia catholica* stellt er den Aufbau und die Gliederung der christlichen Gesellschaft dar und stellt die Schöpfung in den Zusammenhang der Bezogenheit zu Gott (Geist), das zweite Buch handelt von der Seele der Kirche (Seele) und das Dritte vom Leib, vom Staat (Leib, hier: Imperium Romanum). Dies zeigt nicht nur, dass Cusanus neuplatonistische Ansätze vertritt, sondern dass in seiner *concordantia* nicht nur Gott seinen Platz haben soll. Er unterzieht die Kirche und ihre Strukturen und Hierarchien genauso einer genaueren Beobachtung wie auch den Staat.

Ausgehend vom Naturrecht und der Frage nach Begründung von Herrschaft kann Cusanus so seine Konsenstheorie entwickeln und sie auf die Kirche anwenden. Das Ziel des Konsenses sei der ideale Zustand der Harmonie, der Konkordanz. Christianson stellt fest, dass das Ziel des Cusaners, „ein System zu erstellen, dass der katholischen Eintracht gewidmet ist", sowohl „theologischer als auch politischer Art"[34] ist.

So verschieden die Zielsetzung der Schrift zu sein scheint, so verschieden interpretieren sie auch ihre Kommentatoren. Manche sehen in der *concordantia catholica* auch eine Abhandlung über Menschenwürde und Menschenrechte[35], Biechler nutzt die Schrift zur

---

[31] Siehe WATANABE, Morimichi: Concord and Reform, 59–80.
[32] Siehe POSCH, Andreas: Concordantia catholica, 55.
[33] Siehe ebd..
[34] Siehe CHRISTIANSON, Gerald: Concord and Conflict, 208. (Anm. : Eigene Übersetzung des Verfassers, im Original : "his goal - to build a system dedicated to catholic concord - is theological as well as political".).
[35] Vgl. SAKAMOTO, Takashi: Cusanus and Social Philosophy.

Verteidigung des Zweiten Vaticanums[36]. Senger weist darauf hin, dass auch andere Schriften aus der cusanischen Frühzeit, die er vor dem Erscheinen des Monumentalwerks *de docta ignorantia* 1440 datiert, den Gedanken der Konkordanz in sich tragen, wie z.B. die Schrift *reparatio kalendarii*, die auf eine Kalenderreform abzielt. Nikolaus wollte durch „die Kalenderverbesserung Einheit und Eintracht (*unitas et concordantia*) unter den drei Religionen, der jüdischen, griechischen und lateinischen bewirken."[37].

4 Grundlinien der Konsenstheorie des Cusaners in *de concordantia catholica*

4.1 Natürliche Gleichheit und Freiheit als Grundlage für die Frage nach der Begründung von Herrschaft[38]

Cusanus beginnt die Entwicklung seiner Konsenstheorie im 127. Paragraphen der *concordantia catholica*, indem er Überlegungen zum Naturrecht anstellt. Auch ist hervorzuheben, dass seine Ausführungen zum Naturrecht von aristotelischem Gedankengut geprägt sind.[39] Cusanus führt im 127. Paragraphen an, dass von Natur aus (*cum natura*) alle Menschen frei seien. Sind alle Menschen gleich mächtig und gleichermaßen frei (*natura aeque potentes et aeque liberi*), ist die Etablierung von Herrschaft nur durch Wahl und Konsens der zu Regierenden (*electione et consensu aliorum*) möglich. Auf dieser naturrechtlichen Basis von menschlicher Gleichheit und Freiheit kann Cusanus nun sein System einer Herrschaft durch Konsens und Repräsentation errichten.

Allerdings ist für Cusanus diese Art von Gleichheit keine Gleichheit umfassender Prägung. Es gibt weiterhin Unterschiede zwischen den Menschen. Nicht alle sind gleich weise oder gleich gut. Aus ihrer Freiheit heraus wählen sie deswegen jemanden, der weiser ist, als sie selbst, damit dieser sie regiere. Solange das Volk seine Herrscher aus freier Wahl heraus bestimmt, können zwei sich scheinbar widersprechende Begriffe wie Gleichheit und Hierarchie

---

[36] Vgl. BIECHLER, James E.: Constitution of the Church.

[37] Siehe SENGER, Hans Gerhard: Philosophie des Cusanus vor 1440, 116.

[38] Vgl. zu diesem Abschnitt: BIECHLER, James E.: Constitution of the Church, 91–94; POSCH, Andreas: Concordantia catholica, 91–104; SIGMUND, Paul: Nicholas of Cusa.

[39] Cusanus hat die politeia des Aristoteles glossiert. Sie findet sich in seiner Bibliothek in Kues.

trotzdem nebeneinander existieren. Hat keine freie Wahl stattgefunden, sind es keine ordentlich gewählten Herrscher, sondern Tyrannen.[40] [41]

Hier ist es wichtig zu erwähnen, dass Cusanus kein Translationstheoretiker war. Das Volk überträgt durch die Wahl seine Macht nicht auf den Herrscher, sondern räumt sie ihm nur zur Ausübung seines Amtes ein. Damit verbleibt die Gewalt im Volke. Ebenso stammt das Recht zur Gesetzgebung aus dem Volke, die Verbindlichkeit von Gesetzen entsteht nur, wenn alle oder die Mehrheit durch Konsens (*ex omnium consensu aut maioris partis*) mitwirken. Was alle betrifft (*quod omnes tangit*), muss von allen gebilligt werden[42], und auch von allen interpretiert werden[43]. Die Aufgabe der Herrscher besteht darin, die Ausführung von Gesetzes zu überwachen.[44]

Für Cusanus ist das Naturrecht und jede Gesetzgebung, die auf diesem basiert, der Natur des Menschen innewohnend und durch die Vernunft eines jeden Menschen zu erkennen.[45] Posch spricht von „innerlicher Verwandschaft"[46] des Naturrechtes und der Vernunft. Nur durch die Übereinstimmung der Gesetzgebung mit dem Naturrecht ist alle Gesetzgebung gültig. Widerspricht diese dem Naturrecht, verliert sie die Gültigkeit.

Im Laufe seines kurzen Entwurfs einer Staatslehre[47] begegnet dem Leser vielerlei aristotelisches Gedankengut. Auch nach Cusanus schließt sich der Mensch schon allein seiner Natur wegen zu Gemeinschaften zusammen.[48] Posch schreibt, die menschliche Natur verlange nach „Vergesellschaftung"[49], es sei ein „Postulat der menschlichen Natur"[50]. Das Ziel des Staates sei es, nicht nur Frieden zu gewährleisten, sondern auch die Untergebenen zum ewigen Glück zu führen.[51] Hier verknüpft Cusanus Politik und Religion. Er spricht dem Herrscher die Aufgabe zu, für die Ausübung der Religion zu sorgen. Auch bei der Frage, wer oder was im Staat herrscht – der Herrscher selbst oder die Gesetze -, folgt er Aristoteles. Allein die Gesetze sind die

---

[40] DCC, 330: „Invasores itaque dominii non vocati nec electi tyranni dicuntur".

[41] DCC, 127: „...vera et ordinata potestas unius communis aeque potentis naturaliter non nisi electione et consensu aliorum constitui potest... .".

[42] DCC, III, Vorrede: „Et quod omnes tangit, ab omnibus approbari debet, et communis diffinitio ex omnium consensu aut maioris partis solum elicitur.".

[43] DCC, III, Vorrede: „Est itaque etiam eorum interpretari, quorum condere.".

[44] DCC, III, Vorrede: „Opertet deinde principantes esse pro legum observatione.".

[45] DCC, 127: „Omnis constitutio radicatur in iure naturali, et se ei contradicit, constitutio valida esse nequit. ... Unde cum ius naturale naturaliter rationi insit, tunc connata est omnis lex homini in radice sua.".

[46] Siehe POSCH, Andreas: Concordantia catholica, 92.

[47] Vgl. DCC, III, Vorrede.

[48] DCC, III, Vorrede: „Videmus enim hominem animal esse politicum et civile et naturaliter ad civilitatem inclinare.".

[49] Siehe POSCH, Andreas: Concordantia catholica, 174.

[50] Siehe ebd., 174.

[51] DCC, 348: „Principium autem pacis est ad finem aeternum dirigere subditos.".

eigentlichen Herrscher, der Fürst ist an sie gebunden, und darf das Gesetz nicht ändern.[52] Auch hier greift wieder der cusanische Gedanke der Volkssouveränität: Gerade weil die Gesamtheit des Volkes die Gesetze gibt, ist der Fürst an sie gebunden. Seine Aufgabe besteht darin, für deren Einhaltung zu sorgen. Auch die Gesetzgebung ist für den Fürsten nur sehr beschränkt möglich: Er allein kann kein neues Gesetz schaffen. Ein Gesetz, dass die Interessen des Volkes betrifft, greift auch wieder das Prinzip *quod omnes tangit* auf: Es darf nur mit Zustimmung des Volkes (Konsens) erlassen werden.[53]

Damit dies gewährleistet ist, entwirft Cusanus das Konzept einer Versammlung von Vertretern der Gesamtheit. Er kennt keine direkte Volksbefragung. Dieser Rat sollte die Gesamtheit repräsentieren, indem er geeignete Abgesandte aus allen Reichsteilen unter dem Vorsitz des Fürsten vereinigte. Als Mittler zwischen Volk und Fürst sollte kein Gesetz ohne die Zustimmung des Rates verabschiedet werden können.[54] Posch summiert die Wertschätzung des Rates durch den Cusaner folgendermaßen: „Von solcher Einrichtung verspricht sich Nikolaus großen Nutzen, denn in diesen Ratgebern tritt der ständige Konsens der Gesamtheit zutage."[55] Ohne diesen ständigen Konsens ist keine Gesetzgebung möglich.

4.2 Die Anwendung dieser Theorie auf die Kirche[56]

Cusanus hat seine politischen Theorien nicht nur auf den profanen Bereich bezogen, sondern sie auch auf die Kirche angewandt und dadurch auch sein Gottesbild durchscheinen lassen. Er untermauert seine politische Konsenstheorie, die aus dem Naturrecht erwächst, mit christologischen Argumenten, der Lehre vom mystischen Leib Christi und dem Bild der Kirche als Braut Christi. Diese Anwendung von weltlichen Theorien auf kirchliche Gegebenheiten nennen die Kommentatoren „Spiritualisierung" oder „Overflow" des Cusaners.

Ähnlich der aus dem römischen Recht stammenden Maxime *„consensus facit nuptias"* beruht die spirituelle Ehe zwischen Christus uns seiner Kirche auch auf Konsens.[57]

---

[52] DCC, III, Vorrede: „Oportet deinde principantes esse pro legum observatione, quos primo secundum ipsas leges dominari oportet. ... Inventum enim sic a pluribus ... mutare principantes non debent.".
[53] DCC, III, Vorrede: „Studium regis esse debet ut per concordiam leges ordinet.".
[54] DCC, 376: „Ipsa constitutio est regula secundum quam subiecti potestatem regis ordinatam esse volunt.".
[55] Siehe POSCH, Andreas: Concordantia catholica, 179–180.
[56] Vgl. zu diesem Abschnitt: BIECHLER, James E.: Constitution of the Church, 94–97; POSCH, Andreas: Concordantia catholica, 78-91, 104-148; SIGMUND, Paul: Nicholas of Cusa.
[57] Vgl. DCC, 164.

Auch bei der Etablierung von Herrschaftsverhältnissen lässt Cusanus das göttliche Element nicht aus: Durch Wahl und Konsens wird dem neuen Herrscher die Macht zunächst nur *in potentia* verliehen. Gott schenkt die Herrschermacht dann *in actu*. Sigmund charakterisiert diesen Sachverhalt folgendermaßen: „Die Gabe der Autorität durch Gott folgt auf die Wahl des Volkes, insofern empfängt der Herrscher seine Autorität sowohl von oben als auch von unten."[58]. Hier ist also eine vermittelnde Position des Cusanus erkennbar: Autorität und Macht kommen also weder nur ‚von oben', d.h. von Gott, als auch nur ‚von unten', d.h. vom Volk.

Diese Theorie lässt sich auch auf die kirchliche Hierarchie anwenden: Das Priestertum, im cusanischen Dreierschema die Seele der Kirche, steht zwischen dem Körper, den Gläubigen, und dem Geist, Gott. Das Priestertum empfängt von den Gläubigen die kirchliche Leitungsgewalt *in potentia*, von Gott erhält es sie *in actu*. Nach Posch sei das Priestertum gleichsam die „amtsgemäße Repräsentanz der Gläubigen"[59].

4.2.1 Papst

Auch bei der Definition der Autorität des Papstamtes nimmt Cusanus diese vermittelnde Stellung ein. In dieser Diskussion begegneten sich zunächst die beiden widerstreitenden Positionen der Konziliaristen, die dem allgemeinen Konzil die Exekutiv- und Jurisdiktionalhoheit über die Kirche zusprachen, und derjenigen, die dem Konzil nur im Falle eines Glaubensabfalls des Papstes Autorität einräumten. Auch dem römischen Bischof gesteht Cusanus zu, dass seine Vorrechte (*praeeminentiae, prioratus et principatus*) von Gott stammen (*sit a deo*), aber *per medium hominis et conciliorum* und durch *consensu electivo*, d.h. dass trotzdem erst durch Wahl und Konsens des Volkes diese Vorrechte übertragen werden.[60] Hier sieht Biechler einen „entscheidenden Bruch mit der neuplatonischen Ökonomie der Macht"[61], da die Autorität eben nicht nur in einer einfachen Bewegung von Gott, durch Christus, zum Papst und weiter nach unten weitergegeben wird. Cusanus' vermittelnde Position, die auf Wahl und Konsens des

---

[58] Siehe SIGMUND, Paul: Nicholas of Cusa, 144: „The grant of authority by God follows the choice by the people so that the ruler receives his authority both from above and below.", (Anm.: Eigene Übersetzung des Verfassers.).

[59] Siehe POSCH, Andreas: Concordantia catholica, 99, (Anm.: im Original gesperrt gedruckt.).

[60] DCC, 249: „...tamen videtur in veritate medium concordantiae per scripturas investigabile ad hoc demum tendere, quod ipsius pontificis Romani potestas quoad considerationem praeeminentiae, prioratus et principatus sit a deo per medium hominis et conciliorum, scilicet mediante consensu electivo.".

[61] Siehe BIECHLER, James E.: Constitution of the Church, 96, (Anm.: Eigene Übersetzung des Verfassers, im Original: „a decisive break in the Neoplatonic economy of power.").

Volkes beruht, rufe so „irreparable, ja sogar fatale, Schäden an der hierarchischen Struktur der Welt"[62] hervor.

Ein so durch Konsens und Wahl bevollmächtigter Papst ist nach Cusanus das Kriterium der Einheit.[63] Lehnt ein Christ also die Einheit mit dem Stuhle Petri ab, kann er kein Christ sein.[64] Allerdings weist Cusanus noch auf ein weiteres Faktum hin: Petrus und seine Nachfolger repräsentieren die Kirche nur auf eine sehr undifferenzierte Weise (confusissime).[65] Die Gesamtheit der Bischöfe repräsentiere die Kirche weitaus differenzierter und klarer. Nimmt man noch das gesamte Priestertum dazu, würde die Repräsentation noch vollständiger sein. Und dieser Sachverhalt könnte nur noch dadurch verbessert werden, dass das Volk durch Wahl und Konsens jeden seiner Vertreter bestimmt und damit die perfekte Repräsentation herbeiführt.

4.2.2 Konzilien

In seiner *concordantia* lässt Cusanus ein sehr differenziertes Bild konziliarer Zusammenkünfte erkennen. Er spricht dabei sowohl von Pfarr-, Diözesan-, Metropolitan- und Landessynoden als auch von dem allgemeinen Konzil der Katholischen Kirche, aufsteigend nach Kompetenz und Zuständigkeit geordnet.[66] Das Recht zur Einberufung solcher Zusammenkünfte kommt dem Vorsitzenden oder einem seiner Vertreter zu, d.h. die allgemeinen Konzilien sollen vom Papst einberufen werden, weil es nicht legitim ist, ein universelles Konzil ohne ihn oder seine Erlaubnis abzuhalten.[67]

Aber auch hier gibt Cusanus ein gewisses Zugeständnis: Bei allen acht einberufenen ökumenischen Konzilien war der Kaiser die einberufende Instanz. Trotzdem war der Papst selbst oder ein Vertreter dabei anwesend. Auch die direkte oder indirekte Anwesenheit des Papstes genügt zur Legitimierung eines Konzils und dessen Entscheidungen.[68]

Auch das Zustandekommen von bindenden Entscheidungen vor allem in der Legislative erfolgt nach dem profanen Modell des Cusaners: Gesetze, die vom Konzil verabschiedet werden, haben ihre bindende Kraft nicht aufgrund des Papstamtes, oder des Konzilsvorsitzenden, sondern

---

[62] Siehe ebd., 96, (Anm.: Eigene Übersetzung des Verfassers, im Original: „irreparable, indeed fatal, damage to the hierarchical structure of the world.").
[63] DCC, 264: „Resideo itaque in hac conclusione quod principatus ecclesiasticus ob unitatem ecclesiae et ad eius servitium et ministerium a deo ordinatus in realitate sua a Christo per ecclesiam constituitur.".
[64] Vgl. DCC, 56.
[65] DCC, 158: „...Petrus unice et confusissime figurat ecclesiam...".
[66] Vgl. DCC, 71.
[67] Vgl. DCC, 72.
[68] Vgl. DCC, 73.

allein durch einen konkordanten Konsens (*ex unico concordanti consensu*).[69] Wie auch im profanen Bereich Gesetze nur durch Annahme und Anwendung zustande kommen, so gilt dies auch im kirchlichen Bereich. Infolgedessen hat auch jedes folgende Konzil die Aufgabe, die verabschiedeten Gesetze der vorangegangenen Konzilien positiv zu bestätigen, um deren Gültigkeit zu unterstreichen.[70]

Die These, dass das allgemeine Konzil unter bestimmten Umständen über dem Papst steht, gehört zu den meistdiskutierten Schlussfolgerungen der *concordantia*. Laut Cusanus hat das universelle Konzil, welches die Kirche differenzierter repräsentiert, als der Papst, seine Macht direkt von Christus und steht daher in jeder Hinsicht über dem Papst und dem Apostolischen Stuhl (*habere potestatem immediate a Christo ... supra papam quam sedem apostolicam*).[71] Es sei einsichtig, dass eine Entscheidung des die Gesamtkirche repräsentierenden Konzils zum Nutzen der Kirche schwerer wiegt als die eines Mannes im Sinne des päpstlichen Amtes, das ihm von der Kirche zuerkannt wurde.[72]

4.3 Das "Endziel" des Konsenses: Konkordanz[73]

Ein weiterer Kernbegriff in den Gedanken des Cusaners ist die Konkordanz. Diese kommt zuallererst Gott selbst zu, der dreifaltig und trotzdem einzig ist.[74] Daher erklärt es sich auch, warum Cusanus trotzdem natürliche Gleichheit und Hierarchie zusammenbringen kann: Beides, sowohl die Gleichheit, als auch die Hierarchie, ist von Gott gegeben, und somit auch mit Konkordanz durchwirkt. Wenn sich Menschen in einer Vereinigung und in der Redefreiheit auf eine Vereinbarung einigen können, ist dies nicht menschlichen, sondern göttlichen Ursprungs.[75] Der Heilige Geist führt dann diesen Konsens verschiedener Ansichten herbei und stellt so

---

[69] DCC, 100: „...vigorem statutorum canonum in concilio non ex papa nec capite concilii, sed ex unico concordanti consensu vigorem habere.".

[70] Vgl. DCC, 102.

[71] DCC, 148: „Quare universaliter dici potest universale concilium repraesentativum catholicae ecclesiae habere potestatem immediate a Christo et esse omni respectu tam supra papam quam sedem apostolicam.".

[72] DCC, 161: „Et non habet aliquis ratione utens in hoc dubium, quin maior sit potestas ipsius concilii ecclesiam repraesentantis in papalitatem, ut secundum utilitatem ecclesia materiale eius subiectum disponatur, quam in iudicio unius hominis in ipsam papalitatem sibi nomine ecclesiae et propter ipsam adiunctam.".

[73] Vgl. zu diesem Abschnitt: BIECHLER, James E.: Constitution of the Church, 97–103; POSCH, Andreas: Concordantia catholica, 61–70; SIGMUND, Paul: Nicholas of Cusa; MEUTHEN, Erich: Konsens bei Nikolaus von Kues, 11–29.

[74] Vgl. DCC, 6.

[75] DCC, 78: „...non est humanum varios homines in unum congregatos in summa libertate loquendi constitutos ex una concordantia iudicare, sed divinum.".

Konkordanz her. In einem weiteren Schritt verankert Cusanus hier auch die Unfehlbarkeit: Je größer die Übereinstimmung, desto unfehlbarer das Urteil.[76]

Der geistgewirkte Konsens hat somit die Konkordanz als Ziel, im letzten damit auch jene Harmonie, die nicht nur die Kirche prägt, sondern auch die geschaffene Welt. Meuthen schreibt dazu: „Man könnte den Rahmen, in den Cusanus seinen Kirchenbegriff stellt, am besten als "kosmische" Theologie bezeichnen, insofern die Schöpfung als trinitarisch-triadische Harmonie zur Rede steht."[77].

---

[76] DCC, 79: „Ecce concordantiam maxime in hiis quae fidei sunt, requiri, et de quanto maior concordantia, de tanto infallibilius iudicium.".
[77] Siehe MEUTHEN, Erich: Konsens bei Nikolaus von Kues, 13.

5 Fazit

Ich hoffe, in diesen Ausführungen konnte ich die cusanische Theorie von Konsens und Repräsentation ein wenig erläutern. Bedeutsam erscheint mir die Verknüpfung von Philosophie und Theologie, die Cusanus hier hat deutlich werden lassen. Für Jedin ist Nikolaus von Kues vorrangig ein Mann der Kirche, „für den alle Philosophie, alles Bemühen des Geistes in die Theologie einmündete und letzthin der Heimführung der Menschheit und der Geschichte in ihren göttlichen Ursprung zu dienen hatte."[78]. Auch wenn man diesen Punkt nicht teilen muss, so kann man denke ich schon sagen, dass es in der Person des Nikolaus von Kues zu einem heilsamen Miteinander und Füreinander von Theologie und Philosophie gekommen ist.

Ein weiterer Punkt scheint mir erwähnenswert: Cusanus als jemand, der im „Herbst des Mittelalters"[79] und zugleich auch im „Frühling der Neuzeit"[80] steht. In der Person des Cusanus verdichten sich wie in einem Brennglas Elemente des mittelalterlichen Denkens und zugleich neue Aufbrüche der Neuzeit. Doch darin erschöpft sich nicht das Besondere des Cusaners. Posch hebt in seinem Traktat über die *concordantia catholica* hervor: „Die große Bedeutung der Konkordanz liegt darin, daß sie durch die Zeitumstände veranlaßt und aus konkreten Bedürfnissen hervorgegangen, sich dennoch über das zeitlich Bedingte und Polemische erhebt und daran geht, nicht nur dringliche Zeitfragen zu lösen und praktische Reformen vorzuschlagen, sondern den Bau einer Gesellschaftslehre zu errichten, die ... die Verbindung und Überbrückung der zwei verschiedenen Geisteswelten des universalen Mittelalters und der nationalistischen Neuzeit darstellt."[81]. Cusanus begnügte sich nicht damit, Antworten auf die dringenden Fragen der Zeit, gerade zur Zeit des Basler Konzils, zu finden, sondern er leistete mit seiner Betonung der Gleichheit und Freiheit aller und seiner Integration der Theologie in Herrschaftsstrukturen einen bleibenden Beitrag zur weiteren politischen Forschung.

---

[78] Siehe JEDIN, Hubert (Hrsg.): Kirchengeschichte, 708.
[79] Siehe ebd..
[80] Siehe ebd..
[81] Siehe POSCH, Andreas: Concordantia catholica, 23.

Literaturverzeichnis

Quellen:

CUSA, Nicolai de: De Concordantia Catholica. Libri tres. Edidit atque emendavit Gerhardus Kallen, Hamburg 1964.

Sekundärliteratur:

BIECHLER, James E.: The Conciliar Constitution of the Church: Nicholas of Cusa's "Catholic Concordance". In: Gerard Stephen SLOYAN; Mahmoud AYOUB; David P. EFROYMSON; John C. RAINES (Hg.): Open Catholicism. The tradition at its best. Essays in honor of Gerard S. Sloyan, Collegeville Minnesota 1997, S. 87–110. [*Constitution of the Church*]

CHRISTIANSON, Gerald: Cusanus, Concord, and Conflict. In: Kazuhiko YAMAKI (Hg.): Nicholas of Cusa. A Medieval Thinker for the Modern Age, Richmond 2002, S. 206–219. [*Concord and Conflict*]

FLASCH, Kurt: Nicolaus Cusanus, München 2001. [*Nicolaus Cusanus*]

FLASCH, Kurt: Nikolaus von Kues in seiner Zeit. Ein Essay, Stuttgart 2004. [*Cusanus in seiner Zeit*]

FRANK, Isnard Wilhelm: Kirchengeschichte des Mittelalters, Düsseldorf 2005. [*Kirchengeschichte*]

HALLAUER, Hermann: Das Glaubensgespräch mit den Hussiten. In: Rudolf HAUBST (Hg.): Nikolaus von Kues als Promotor der Ökumene, Mainz 1971 (MFCG, 9), S. 53–75. [*Hussiten*]

HAUBST, Rudolf: Der Leitgedanke der repraesentatio in der cusanischen Ekklesiologie (mit Diskussion). In: Rudolf HAUBST (Hg.): Nikolaus von Kues als Promotor der Ökumene, Mainz 1971 (MFCG, 9), S. 140–165. [*Leitgedanke der repraesentatio*]

JEDIN, Hubert (Hrsg.): Handbuch der Kirchengeschichte, Freiburg 1968 (Bd. III/2). [*Kirchengeschichte*]

KRÄMER, Werner: Konsens und Rezeption. Verfassungsprinzipien der Kirche im Basler Konziliarismus, Münster, Westfalen 1980 (Beiträge zur Geschichte der Philosophie und Theologie des Mittelalters, N.F., Bd. 19). [*Konsens und Rezeption*]

LÜCKING-MICHEL, Claudia: Konkordanz und Konsens. Zur Gesellschaftstheorie in der Schrift "De concordantia catholica" des Nicolaus von Cues, Würzburg 1994. [*Konkordanz und Konsens*]

MEUTHEN, Erich: Nikolaus von Kues in der Entscheidung zwischen Konzil und Papst. In: Rudolf HAUBST (Hg.): Nikolaus von Kues als Promotor der Ökumene, Mainz 1971 (MFCG, 9), S. 19–33. [*Zwischen Konzil und Papst*]

MEUTHEN, Erich: Konsens bei Nikolaus von Kues und im Kirchenverständnis des 15. Jahrhunderts. In: Dieter ALBRECHT; Hans-Günter HOCKERTS (Hg.): Politik und Konfession. Festschr. für Konrad Repgen, Berlin 1983, S. 11–29. [*Konsens bei Nikolaus von Kues*]

POSCH, Andreas: Die "Concordantia catholica" des Nikolaus v. Cusa, Paderborn 1930. [*Concordantia catholica*]

RÖD, Wolfgang: Der Weg der Philosophie. Altertum, Mittelalter, Renaissance, München 2000. [*Der Weg der Philosophie*]

SAKAMOTO, Takashi: Cusanus and Social Philosophy. In: Kazuhiko YAMAKI (Hg.): Nicholas of Cusa. A Medieval Thinker for the Modern Age, Richmond 2002, S. 241–248. [*Cusanus and Social Philosophy*]

SENGER, Hans Gerhard: Die Philosophie des Nikolaus von Kues vor dem Jahre 1440. Untersuchungen zur Entwicklung einer Philosophie in der Frühzeit des Nikolaus (1430-1440), Münster 1971. [*Philosophie des Cusanus vor 1440*]

SIGMUND, Paul: Nicholas of Cusa and medieval political thought, Cambridge 1963. [*Nicholas of Cusa*]

WATANABE, Morimichi: Concord and Reform. Nicholas of Cusa and Legal and Political Thought in the Fifteenth Century, Aldershot 2001. [*Concord and Reform*]

Anmerkung: In den eckigen Klammern stehen die Kurztitel, die ich in den Anmerkungen meiner Arbeit verwende.

Die Primärquelle ist durchgängig mit DCC abgekürzt. Zur Zitation verwende ich die, durch drei Bücher fortlaufende, Paragraphenzählung von Gerhard Kallen.